Ménestel,
le tout-puissant

SÉRIE ROUGE

Drame!... Romance!... Mystère!... Aventure et passion!.... SÉRIE ROUGE est une collection de livres de poche visant les jeunes de 14 ans (et plus) qui apprennent le français.

SÉRIE ROUGE offre des histoires de toutes les longueurs pour tous les goûts.

Drama! ... Romance! ... Mystery! ... Adventure and passion! ... SÉRIE ROUGE is a series of paperbacks for young people (aged 14 plus) learning French.

SÉRIE ROUGE includes stories of different lengths for all tastes.

L'ÉQUIPE DE SÉRIE ROUGE

Monique Alcott, professeur détaché à Homerton College, Cambridge, GB

Marc Guiguin, professeur d'histoire et de géographie, Lycée de Hennebont, Lorient, France

Francine Rigoni, professeur de français et d'allemand, St Ivo School, St Ives, Cambridge, GB

Ann Swarbrick, maître-assistante, PGCE, School of Education, The Open University, Milton Keynes, GB

Mary Swarbrick, professeur d'anglais, Comberton Village College, Cambridge, GB

Avec la participation de :
Steven Fawkes, conseiller pédagogique, BBC
Jim Jones, professeur d'anglais, Chesterton Community College, Cambridge, GB

SÉRIE ROUGE

Ménestel,
le tout-puissant

Marc Guiguin

illustré par Peter Richardson

CAMBRIDGE
UNIVERSITY PRESS

SÉRIE ROUGE

Published by the Press Syndicate of the University of Cambridge
The Pitt Building, Trumpington Street, Cambridge CB2 1RP
40 West 20th Street, New York, NY 10011–4211, USA
10 Stamford Road, Oakleigh, Melbourne 3166, Australia

© Cambridge University Press 1993

First published 1993

Printed in Great Britain at the University Press, Cambridge

A catalogue record for this book is available from the British Library

ISBN 0 521 44980 4

Text design by Liz Knox
Cover design by Julie Fellowes
Cover illustration by Danny Jenkins

mardi 14 janvier

Quelle matinée interminable jusqu'au cours d'histoire !

Enfin j'y suis !

Si je l'attends avec tant d'impatience, ce n'est pas pour le prof qui n'est pas vraiment génial mais qui ne nous dérange pas trop : il s'écoute parler et se contente de poser des questions aux bons élèves des premiers rangs. Donc, au fond de la classe, je suis tranquille dans mon petit coin. Et, je peux enfin reprendre mon dialogue par dessin avec celui ou celle qui occupe cette même place un autre jour de la semaine.

Voilà : depuis six semaines, avec un petit couteau de poche et des feutres, nous créons un personnage sur le bureau. Chacun ajoute, à son tour, un détail.

Attention ! Bismarck — c'est le surnom du prof — se dirige vers le fond de la classe... Étonnant ! Il ne vient jamais par ici. Vite ! Je recouvre le dessin. Je prends l'air intéressé : il parle de la guerre 39–45, ça je connais ; sans problème, je peux même répondre à une question ! La réponse le surprend : 1° parce qu'elle vient de moi, 2° parce qu'elle est exacte... Du coup, il retourne vers son bureau. En fait, je pense qu'il est venu vers ce no-man's-land des trois dernières rangées pour jeter un regard, disons attentif, sur les jambes de Rachel. En général, elle se met plutôt devant, ce qui explique en partie que Bismarck y stationne. Mais, ce matin, elle est dans le fond pour être près de Yannick et, malheureusement, pas de moi (ceci est une autre histoire...)

Revenons à mon dessin, ou plutôt à NOTRE dessin puisque nous sommes deux pour réaliser cette œuvre. Depuis un mois et demi nous venons dans cette salle d'histoire un jour seulement. Moi, le mardi et, lui ou elle, un autre jour, j'ignore quel jour. Notre être prend de plus en plus nettement forme.

Au début, c'était le « classique » bonhomme de bureau : deux yeux, un nez, une bouche fermée et un corps normal, bras ballants, jambes écartées... Depuis trois semaines il a pris un aspect bizarre : mon ami(e) lui a confectionné un habit médiéval avec des espèces de collants bicolores et une sorte de veste en soie brillante. Adorant la science-fiction et l'espace, moi, j'ai voulu lui donner une nuance « futuriste ». J'ai ajouté une espèce de casque de cosmonaute. J'ai commencé à lui redresser un bras et une main. J'ai l'intention d'y placer un pistolet intersidéral. . . mais le cours s'est terminé. Bismarck s'obstine à faire cours. . . en plus, il s'amuse à venir en « zone interdite ». On n'en finira jamais.

On devine donc mon impatience quand je suis rentré ce matin dans cette salle d'histoire devenue pour moi, pour nous, salle de dessin et. . . d'accouchement. Notre créature n'a plus rien du XXIIème siècle. Elle revient définitivement vers le XIIIème.

Le casque est devenu un bonnet avec des pointes munies de petites clochettes ; le deuxième bras est redressé et, entre les deux mains, circulent en l'air six boules de couleurs différentes. C'est un de ces jongleurs du Moyen Âge. . . Tiens ! Je vais l'appeler MÉNESTEL.

Le cours continue, mais j'entends de moins en moins bien le prof qui semble être arrivé au débarquement de Normandie. Je vois à peine Rachel qui échange pourtant avec Yannick des regards de plus en plus humides. Tout cela m'indiffère : je suis fasciné par MÉNESTEL. Ses yeux se tournent vers les boules. J'avance l'index vers la boule rouge, je la touche. . . Et. . .

. . . Et. . . je vois toujours le prof mais je n'entends plus ce qu'il dit, J'ENTENDS CE QU'IL PENSE !

« Ce que ce cours m'ennuie ! Ce que cette histoire est longue ! Tout ça pour en arriver à la fin du IIIème Reich que tout le monde connaît par cœur ; j'ai bien envie d'accélérer et d'arriver tout de suite au siège de Berlin et au suicide d'Hitler. Mais je finirais trop tôt, il n'est que onze heures moins vingt. . . Il ne faut pas que j'oublie d'acheter cette chemise neuve en rentrant. . . Quelle taille ? Ah oui ! 44 comme l'année du débarquement. Rachel, remarquera-t-elle cette chemise ? Pourquoi est-elle partie au fond ? Elle semble s'intéresser à Yannick. Ça m'étonne, je croyais qu'Olivier était mieux placé. . . »

Aïe ! Olivier, c'est moi ! Voilà que Bismarck pense à moi. . .

« Tiens, à propos, qu'est-ce qu'il devient celui-là ? Il dessine toujours ? Non, il a le doigt pointé sur la table. Bizarre, on dirait qu'il rêve. . . »

Attention ! Je lève mon index. J'entends immédiatement le vrai cours : « Donc, ayant abandonné sans combat Paris et l'Est de la France, Hitler et von Rundstedt en fin 44 contre-attaquent dans les

Ardennes pour sauver leur chemise... pardon, leur peau. Tu m'écoutes, Olivier ? »

Je me dépêche de dire « oui » et de reprendre l'air le plus passionné. Mais, je suis stupéfait. D'abord, j'ai découvert les pensées profondes d'un prof. D'autre part, je suis ému d'apprendre par Bismarck que Rachel a donc un petit sentiment pour moi.

C'est peut-être pour cela que le plus extraordinaire m'échappe au début : cette boule rouge me permet donc de découvrir les pensées des autres ! Je me prépare à appuyer de nouveau sur cette fameuse boule en concentrant cette fois mon attention sur Rachel.

Mais il est l'heure : la cloche sonne, Hitler perd et la vie et la guerre. Les élèves sont déjà dehors. Bismarck range ses affaires et sourit bêtement à Rachel. J'abandonne MÉNESTEL. Bouleversé, je décide de confier désormais mes impressions à ce journal. Vivement mardi prochain !

mardi 21 janvier

Ce matin il n'a pas beaucoup changé. Les couleurs des boules sont plus vives et je me moque des « conséquences de la deuxième guerre mondiale ». (Bismarck parle de la conférence de Yalta et évoque les concours de toasts entre Churchill et Staline.)

Pour moi, la question essentielle est évidemment : est-ce que « cela » va encore marcher ? Déjà, j'ai l'index près de la boule rouge. Je m'aperçois alors que Yannick est seul à son bureau : Rachel est en train de sécher le cours d'histoire. Elle est sûrement au *Molière*, le café d'en face, une sorte d'annexe du lycée. J'essaie d'intercepter ses pensées mais la puissance de MÉNESTEL ne porte pas jusque là. Je ne prends pas la peine de m'occuper du prof—qui porte sa chemise neuve... nulle !—et, en désespoir de cause, j'avance l'index vers la boule verte. Je la touche... Et...

... Et... je suis toujours assis derrière une table, dans un coin de salle, mais je suis dans le fond du café *Molière*. Rachel est à deux tables de ma table... comme en salle d'histoire. Elle est plus adorable que jamais, toute de noir vêtue, sa mèche sur l'œil droit. Elle me voit aussitôt : « Tiens, Olivier ! Je ne t'avais pas vu ! Tu sèches toi aussi ! Pas très passionné par Hitler non plus ? » Bêtement, je ne trouve rien d'autre à dire que : « Hitler ? Mais il est mort depuis la semaine dernière ! » Croyant me rattraper, j'ajoute : « D'ailleurs, je ne suis pas là, je ne sèche pas ! » Elle me regarde presque avec tristesse. Je préfère ne pas savoir ce qu'elle pense de moi : donc, pas de boule rouge. Je lui propose un jus d'orange. Nouvelle catastrophe : je n'ai pas d'argent, je n'avais pas prévu cette « sortie » et je dois lui dire soudain que je dois partir.

— Où ? s'étonne-t-elle.

— Au lycée, bien sûr ! Bismarck est à la conférence de Potsdam.

Je laisse la boule verte. Mon dédoublement est fini. Je n'ose imaginer la tête de Rachel soulevant sa mèche pour me chercher, peut-être sous la banquette...

En classe, personne ne s'est aperçu de rien. J'ai pris quelques notes. J'ai ajouté à MÉNESTEL de

longs chaussons pointus. J'ai gravé son nom sous son portrait.

Ce soir, à la maison, j'enrage : être ainsi seul avec Rachel, me couvrir de ridicule, bafouiller, passer pour un petit garçon bien sage pressé de retourner au lycée... Je dois prendre ma revanche! Au secours MÉNESTEL! As-tu d'autres pouvoirs? A mardi prochain!

mardi 28 janvier

Celui (ou celle) qui a créé MÉNESTEL avec moi utilise-t-il (utilise-t-elle) ses services ? Si oui, a-t-il (a-t-elle) essayé toutes les boules ? Peut-être, car aujourd'hui mardi j'ai trouvé sous le nom de MÉNESTEL, gravé à côté : « LE TOUT-PUISSANT ».

Ce matin Rachel est là : il y a un devoir d'histoire prévu pour la semaine prochaine. Il arrive souvent que Bismarck glisse subtilement — du moins le croit-il — quelques « conseils » qui permettent de « deviner » le sujet. Donc, il vaut mieux être présent.

Mais, cette fois, il ne suggère rien. Même dans ses pensées que j'explore (je touche la boule rouge), rien ne transparaît : il s'est disputé avec sa femme ce matin pour une histoire de voiture ; sa belle-mère vient déjeuner chez lui dimanche prochain, son ulcère lui fait mal ; il prépare deux petits discours qu'il doit prononcer, l'un pour une réunion syndicale, l'autre pour une association...

Voilà à peu près à quoi pense ce monsieur pendant qu'il nous parle de l'après-guerre.

Autre chose, il est de mauvaise humeur à propos de Rachel :

> *« Mais, qu'est-ce qu'elle fait ? Elle s'absente, elle revient, elle n'écoute pas mon cours pourtant remarquable, elle ne me regarde pas, elle se cache derrière sa mèche qui est d'ailleurs grasse : elle n'a pas dû faire de shampooing depuis deux ou trois jours ; elle n'a sûrement pas remarqué ma chemise à 395 francs, elle a mis un jean et ça ne lui va pas... Et, surtout, pourquoi s'est-elle placée auprès d'Olivier (qui, lui, semble préoccupé par autre chose) ? »*

Eh oui ! mon vieux Bismarck ! Elle est là près de moi, ça m'a coûté trois jus d'orange pendant la semaine au café *Molière*. J'ai promis — si elle venait près de moi au cours d'histoire — de lui révéler le sujet du devoir de la semaine prochaine...

Et voilà que les pensées de Bismarck n'apportent aucun renseignement ! A vrai dire, il ne doit pas connaître lui-même le sujet qu'il va proposer. Il est trop préoccupé par ses histoires familiales et syndicales. Je me suis transporté (j'ai touché la boule verte) dans la salle des professeurs, déserte à cette heure, pour voir si, par hasard, dans son casier, il n'y aurait pas un indice, un polycopié : rien ! Rien de rien !

Alors : « Aux grands maux, les grands remèdes ! » Je ne peux pas me ridiculiser une nouvelle fois vis-à-vis de Rachel : je touche la boule bleue. Pas de déplacement dans l'espace… pas de « visite de cerveau »… mais… un saut dans le temps ! Nous sommes une semaine plus tard, mardi 4 février, les élèves de 2nde 8 (ma classe) sont installés en salle d'histoire, Bismarck distribue déjà le sujet avec l'air sadique qu'il a dans ces cas-là. Je lis : « La conférence de Yalta, peut-elle être considér-ée comme le partage du monde ? » Je recopie le sujet sur un billet. J'ajoute : « C'est le sujet de mardi prochain ». Je glisse le billet à Rachel et je retire mes doigts des trois boules car je commence un peu à tout mélanger :

— Je suis dans la classe en ce moment.

— Ne pensons pas à autre chose !

Rachel me renvoie un billet : « Tu es sûr ? » Je fais « oui » de la tête et j'ai le droit à un de ces regards de derrière la mèche dont Yannick avait le monopole jusqu'ici.

Je décide pour le moment de ne pas toucher aux trois autres boules : la jaune, la noire ni la blanche. Je dessine au-dessus de ces trois-là un point d'interrogation destiné à mon associé(e). Je ne peux pas lui écrire plus clairement : nous ne sommes pas les seuls dans la semaine à occuper ce bureau. D'autres élèves pourraient s'étonner et essayer les boules « magiques ».

Cependant, quelque chose me dit que seul lui (ou elle... je vais l'appeler WHO pour simplifier) — donc seul WHO et moi pouvons bénéficier des services de MÉNESTEL. Si je laissais Rachel toucher les boules mais sans rien lui dire ? Pour l'instant, MÉNESTEL est bien caché sous mon cahier.

Le cours finit pour moi sur un petit nuage de bonheur : Rachel me sourit et Bismarck me dévisage presque haineusement. C'est la meilleure preuve que ça marche ! Ce soir, j'ai du mal à m'endormir. Mon programme : préparer le devoir (je connais désormais le sujet), continuer à charmer Rachel et, peut-être, chercher à savoir qui est WHO.

mardi 4 février

Le sujet du devoir est bien celui que j'ai lu la semaine dernière, qui est en réalité cette semaine : donc, je reçois une deuxième fois le sujet. Je me sens nettement supérieur à Bismarck : je connaissais le sujet avant lui! J'ai même un peu l'impression de l'avoir choisi moi-même. Rachel me regarde d'un œil plein d'admiration. Moi, je prends l'air détaché de celui qui savait, qui sait, qui saura.

Avec tout ce que j'ai à raconter sur ma copie, j'ai à peine le temps de m'occuper de MÉNESTEL ; cependant, j'ai vu que WHO a modifié ses yeux. Ils ne regardent plus en l'air. Maintenant c'est moi qu'ils fixent. Son sourire a tendance à disparaître. Les coins de sa bouche retombent. Le point d'interrogation que j'avais placé au-dessus de la boule jaune a disparu. . . Est-ce une invitation à l'utiliser ? Ou bien une mise en garde, un avertissement ?

Donc, moitié par appréhension, moitié par manque de temps, je n'ai pas touché à la boule jaune. Ayant terminé mon devoir cinq minutes avant la fin, je « fais » d'abord un petit coup de boule rouge pour connaître les pensées de Rachel : aucun intérêt, elle réfléchit à sa conclusion (Bismarck dit toujours qu'un devoir sans conclusion c'est une femme sans parfum...), qui ressemble beaucoup à la mienne.

Puis un petit tour dans le cerveau de Bismarck : toujours plongé dans ses problèmes de belle-mère. Elle lui a demandé de venir chez elle pour fixer une étagère.

Je suis persuadé que MÉNESTEL a souri quand je me suis décidé à approcher l'index de la boule jaune. Pourquoi ? Est-il avec moi ? Ou contre moi ? Je me contente donc de frôler la boule... Et...

... Et... je vois une image du lycée détruit avec, sur un pan de mur, un calendrier indiquant la date de février 1945 (c'est-à-dire la date de Yalta !!!). Je sais qu'à cette époque notre ville était encore en ruines à la suite du bombardement de 1943.

Donc la boule jaune permet de remonter dans le temps ! Je laisse la boule jaune.

Revenu à aujourd'hui, je donne ma copie à Bismarck. Rachel me rejoint dans le couloir. Elle est ravie de son devoir, elle se demande quelle note elle aura, elle qui a seulement des 6 sur 20 avec Bismarck... C'est l'euphorie. Je lui prends la main. Nous nous dirigeons en riant et sous les regards furibonds de Yannick vers le *Molière*.

Depuis la semaine dernière, j'ai mené ma petite enquête pour essayer d'identifier WHO. Bismarck fait tous ses cours dans la salle d'histoire, donc 18 cours de Bismarck chaque semaine.

Discrètement, je me renseigne pour savoir qui occupe « mon » bureau : mon bureau est vide pendant 10 cours. Il reste 8 cours. Je connais « les locataires » du bureau MÉNESTEL de 4 cours sur 8 : oui, ils ont vu le dessin ; oui, ils le trouvent enfantin, laid et sans intérêt ; non, en aucun cas ils n'y ont collaboré. Restent donc 4 heures de cours bismarckiens (3 si on exclut la mienne). Là, je ne sais rien. Je devrai simplement aller voir en utilisant la boule à remonter le temps, la jaune, la petite dernière de mon arsenal : je me rendrai dans la salle pendant les cours concernés.

Mais, comment faire pour m'y trouver aux moments précis ? Je n'ai évidemment aucun réglage sur mon tableau de bord. Ce matin, j'ai fait un bond en arrière jusqu'en 1945 en quelques dixièmes de seconde... Et, l'autre semaine, j'ai

fait un bond en avant de sept jours, l'index sur la boule bleue pendant plusieurs minutes.

Donc, MÉNESTEL ne réagit pas à la durée de la pression sur la boule : il m'obéit, c'est tout ! Je désirais avancer de 7 jours, il me l'a permis ; je pensais à Yalta, il m'a parachuté en 1945.

Au *Molière* (un jus d'orange : 12 francs ; un café : 4,50 francs), Rachel me demande les sujets de math pour samedi prochain. Je ne pourrai pas les lui donner, puisque mon « poste de commande- ment » est en salle d'histoire. Je ne peux donc rien faire avant mardi. En plus, je ne veux pas être pour elle un simple et vulgaire trafiquant de sujets. Je veux qu'elle m'aime (j'écris ce mot avec émotion) pour moi-même. Cependant, elle semble si triste que, pour essayer de découvrir le sujet de math, ce soir à la maison, j'ai reconstitué un MÉNESTEL.

Le nouveau MÉNESTEL ne « donne » rien, c'est celui du lycée le seul, le vrai, le bon.

mardi 11 février

Deux nouvelles importantes à noter dans mon journal ce soir. L'une presque amusante, l'autre impressionnante.

La nouvelle presque amusante : Bismarck nous a rendu nos devoirs ce matin.

VERSION ORALE :
« Et, pour finir...

(il rend les copies en commençant par les mauvaises comme font tous les profs sadiques)

... deux excellentes copies ; tout y est : connaissances et compréhension du sujet. Surtout vous, Olivier : on a presque l'impression que vous avez vécu en 1945... ce qui n'est évidemment le cas de personne ici...

(Menteur ! Tout le monde sait qu'il est né en 1941...)

... Quant à vous, Rachel, c'est remarquable d'élégance de sensibilité, de grâce... »

VERSION DANS LA TÊTE :

« Ça me tue de donner une aussi bonne note à ce rêveur d'Olivier. Si je n'avais pas trouvé ce sujet seulement quelques heures avant de le poser, j'aurais pu penser qu'il le connaissait déjà. Par ailleurs, je suis ravi de pouvoir faire des compliments à Rachel. Qu'elle est mignonne ce matin ! Mais elle ne pense qu'à Olivier. »

Comment Bismarck sait-il ce que pense Rachel ? Nos regards de plus en plus complices nous trahissent sûrement.

La nouvelle impressionnante : après la remise des copies, Bismarck a repris son rythme normal de cours. J'ai pu procéder, incognito, à l'enquête sur les autres occupants de mon bureau. Ça fonctionne comme je le pensais : MÉNESTEL obéit à mes désirs — la boule jaune me transporte dans le passé, comme je veux. C'est fou ! C'est incroyable ! Personne n'occupe les bureaux du fond pendant ces trois heures : ce sont des classes peu chargées et Bismarck veut ses élèves devant. Je suis resté juste quelques instants à chaque cours et, semble-t-il, Bismarck ne m'a pas vu.

Mais là n'est pas le problème important. Quelqu'un a nécessairement participé à la création de MÉNESTEL. Et ce n'est donc pas pendant les heures de classe. Ce n'est sans doute pas un élève car seuls les profs possèdent les clés des salles... D'ailleurs, WHO est intervenu depuis la semaine dernière : le point d'interrogation au-dessus de la boule noire a disparu.

Mais je n'ai vraiment pas envie de l'expérimenter aujourd'hui. Je dois réfléchir. Il y a sûrement une solution logique mais laquelle ? Il faudrait voir si, par exemple, MÉNESTEL accepte de fonctionner pour quelqu'un d'autre. Tant pis, je prends un risque : je le montre à Rachel.

« Débile, » juge-t-elle.

« Grotesque, » ajoute-t-elle.

Je lui demande pourtant de poser son doigt sur la boule rouge, la moins « dangereuse ». Elle le fait en poussant un petit soupir d'agacement... Bismarck nous voit mais ne réagit pas. Il continue à parler. Je chuchote vers Rachel :

— Et alors ?

— Et alors quoi ?

— Tu n'as rien senti ?

— Senti quoi ? Pourquoi ?

Donc MÉNESTEL travaille pour moi en exclusivité. Sans doute aussi pour WHO, mais, si WHO n'existe pas ?... Je retrace un point d'interrogation au-dessus de la boule noire. Je veux indiquer à WHO que je ne l'ai pas utilisée. Et, je mets un autre point d'interrogation après le mot « TOUT-PUISSANT », pour défier MÉNESTEL.

J'ai l'impression que son visage est moins brillant.

A la sortie du cours, Rachel demande des explications à propos de la boule rouge. Je suis à deux doigts de tout lui raconter mais je préfère inventer quelques mensonges maladroits. Elle me regarde comme au *Molière* l'autre jour : je viens de perdre quelques points... Il y a des jours où rien ne marche. J'oublie même mon excellente note d'histoire.

mardi 18 février

Je suis dans une impasse. Sentimentalement, Rachel prend ses distances. Je la revois avec Yannick. Le travail ne marche pas, le devoir de math a été une catastrophe pour elle comme pour moi. Je décide donc de sauter dans l'inconnu : les boules m'ont, jusqu'à présent, toujours apporté une solution; cette fois, la noire me sauvera.

Sur le bureau, MÉNESTEL est plus brillant que jamais. Toutes ses couleurs sont très vives. Son regard est perçant et, évidemment, mes deux points d'interrogation ont disparu. Il y a maintenant d'énormes points d'exclamation. Je touche la boule noire et je ressens un sentiment de confiance extraordinaire... Et...

... Et... je commence avec Bismarck une discussion véhémente à propos de la Guerre Froide. Pour illustrer mes idées, je cite des auteurs dont j'ignorais jusqu'à l'existence voici quelques minutes.

La boule noire est donc celle du savoir, celle qui améliore les facultés. Bismarck est stupéfait, et avec lui, toute la classe, surtout Rachel qui me regarde à nouveau comme si j'étais James Bond et Shakespeare réunis. Emporté par mon élan, je me lève, mon doigt perd donc le contact avec la boule, je ne peux donc plus continuer mon discours et je reste bouche ouverte...

« Asseyez-vous donc, Olivier ! » m'ordonne Bismarck, qui commence à s'affoler.

Or, en me rasseyant, je redeviens « savant » puisque je touche à nouveau la boule noire. Rachel comprend tout et elle pousse un cri... J'argumente encore un peu avec Bismarck et je coupe le contact avec la boule noire.

Je passe alors à la rouge, celle qui lit dans les pensées ; objectif : les sentiments de Rachel que voici :

« Voilà donc le secret d'Olivier : son horrible bonhomme. C'est sûrement grâce à lui qu'il a trouvé le sujet d'histoire l'autre jour. C'est lui qui lui a soufflé tout ce qu'il vient de dire à Bismarck... Et, il a voulu que je m'en serve ! Qu'espérait-il ? Que je m'envole ? Son passage bizarre au « Molière » l'autre jour ne serait-il pas en rapport également avec son... comment

déjà ? Ah oui ! MÉNESTEL ! MÉNESTEL, LE TOUT-PUISSANT ! Toi, Olivier, je t'adore, mais il va falloir que tu t'expliques ! »

Étourdiment, répondant à ses pensées, je lui chuchote : « Oui, Rachel, je t'expliquerai tout ! »

Elle est à nouveau abasourdie. Elle rassemble ses documents sur la table et sort de la salle sans demander la permission à Bismarck. Je ne suis pas mécontent d'avoir fait rentrer Rachel dans mon univers MÉNESTEL : je commençais à me sentir seul et inquiet dans ce monde irréel. Et, c'est surtout son « je t'adore » qui me rend heureux. Nous allons faire face ensemble à toutes ces boules. Elles me donnent beaucoup de pouvoir et beaucoup d'ennuis.

Qui les manipule ? Qui me manipule ?

Voyons encore une fois les fonctions de toutes ces boules :

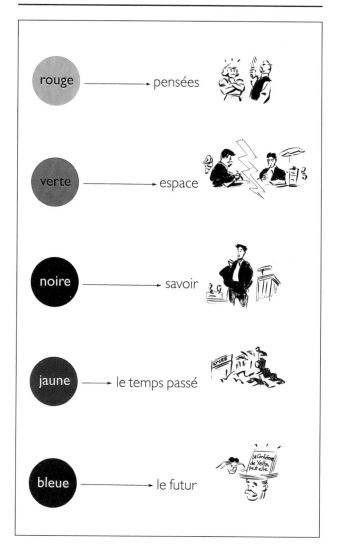

Dans l'immédiat, il faut que je m'explique avec elle. Sans demander l'autorisation à Bismarck, moi aussi je sors. L'attitude de Bismarck est étonnante : il ne dit rien, il n'est peut-être pas étranger à tout ce qui se passe — encore un problème à résoudre... plus tard.

J'essaie de rattraper Rachel dans le parc qui sépare les différents bâtiments du lycée. Elle m'entend marcher puis courir derrière elle mais elle ne fait rien pour m'attendre. Au contraire, à son tour, elle court dans le vent et la pluie (c'est au moins la 432ème tempête depuis le début de l'hiver). Ses cheveux qui voltigent, ses longues jambes, ses collants noirs, sa mini-jupe vraiment très mini, son blouson de cuir... tout cela constitue une silhouette qui me rend fou. Je l'appelle.

Pour s'abriter et, peut-être pour m'échapper, elle pénètre dans le bâtiment 4, celui de l'administration. Je la suis, nous courons toujours, et au détour d'un couloir, elle tombe littéralement dans les bras de Dupont, le surveillant général. Son titre officiel est « conseiller d'éducation ». Nous le surnommons Cerbère.

Déjà stupide dans son état normal, il est encore plus stupéfait de l'arrivée de Rachel, genre « fusée Scud »... et, lorsque je jaillis à mon tour en hurlant : « Rachel ! », le visage de Dupont, déjà

rouge habituellement (la consommation régulière de Muscadet au café des *3 Colonnes* lui donne cette coloration), devient nettement violet. Deux élèves hors de leur classe à 10 heures 27, ça ne peut pas exister... Il nous prend chacun par une épaule, nous conduit vers son bureau et procède à notre interrogatoire :

— Avez-vous une autorisation de sortie de la classe ?

— Non !

— Bon, alors, des billets de l'infirmière ?

— On n'en a pas non plus.

Là-dessus, on essaie de lui expliquer quelque chose, mais on sait que Dupont n'écoute jamais ou ne comprend jamais... alors, dans notre situation...

— Rachel — c'est elle, dis-je à Dupont, qui déjà ne comprend plus. Elle a quitté brusquement la classe, alors, j'ai voulu l'aider parce que j'ai pensé qu'elle était malade...

— Est-ce que tu es délégué de ta classe ? (Seuls les délégués de classe peuvent accompagner les élèves souffrants.)

— Non, mais...

C'est alors que Rachel, toute tremblante, intervient, et, c'est là où tout se gâte :

— C'est pas ça : je suis sortie à cause de la boule

noire du bonhomme du bureau d'Olivier — Olivier, c'est lui, dit-elle. C'est une boule qui rend intelligent. Déjà, l'autre jour il a voulu que j'essaie la rouge, rien ne s'est passé. Alors, j'ai eu peur et j'ai quitté le cours de Bismarck, pardon... de Monsieur...

— Est-ce que tu as un billet de sortie ? coupe Dupont-Cerbère.

— Non.

— Est-ce que tu as un billet d'infirmerie ?

(Décidément, à part les billets, il ne connaît rien.)

— Non.

— Bon, alors qu'est-ce que vous faites dehors à 10 heures 27 sans billet de sortie, ni de billet d'infirmerie ?

Rachel se met alors à hurler :

— TA GUEULE DUPONT... TU COMPRENDS RIEN ! T'AS JAMAIS RIEN COMPRIS ! TU DEVRAIS ARRÊTER LE MUSCADET !

Cette fois, le teint de Dupont passe au bleu foncé nuance vitraux de la cathédrale de Chartres. Passons sur les couleurs successives que traverse le visage de Dupont : Rachel et moi sommes enfermés dans le bureau des surveillants. Au début, Rachel refuse de me parler, de m'entendre, elle pleure sur mon épaule... Enfin, elle accepte d'écouter mes explications qu'elle entrecoupe de « Ah ! », de « Oh ! », de « Pas possible ! ». Cela nous conduit à 11 heures 30.

On nous renvoie en classe assister à la fin du cours de physique avec ordre de revenir chez Dupont à 12 heures. Exaltante demie-heure partagée entre peur (que va-t-il nous tomber dessus ?) et bonheur (nous partageons un secret).

Rachel craint peu la réaction familiale : elle vit seule avec sa mère très « compréhensive ». Je suis plus inquiet. Mon père va se montrer impitoyable. Les vacances de neige promises pour février risquent fort d'en rester au stade des promesses. C'est ce qui arrive lorsque je rentre à la maison : les parents ont déjà été avertis des sanctions prises : exclusion du lycée pendant 4 jours, c'est-à-dire jusqu'aux vacances d'hiver qui commencent samedi (« tu skieras dans ta chambre » dit finement mon père).

La mère de Rachel fait une remontrance de principe. C'est ce que me dit ma « complice » (le rapport de Dupont nous appelle « complices », donc un lien s'établit entre nous). Je lui téléphone ce soir discrètement, pendant que mes parents regardent leurs idioties habituelles à la télé. Nous allons pouvoir étudier le « cas MÉNESTEL »...

Mais non ! Idiot que je suis ! Je viens de me le

rappeler en reposant le téléphone : comment pourrons-nous nous occuper de MÉNESTEL, alors que nous n'irons pas au lycée avant 4 jours (de punition) plus 15 jours (de vacances). Donc 19 jours sans MÉNESTEL !

jeudi 20 février

Je vais écrire plus souvent maintenant. Ce sera utile : j'ai beaucoup à raconter. Il est deux heures du matin. Je viens de rentrer dans ma chambre par le toit du garage (un peu glacé et j'ai failli tomber) : on appelle ça « faire le mur »; moi je « fais le toit » quand je suis interdit de sortie. Mais, reprenons les choses dans l'ordre.

Mercredi matin donc, je vais chez Rachel. Elle n'habite pas très loin, donc je vais à pied. Il fait froid mais beau. C'est la première fois que je vais chez elle. Je trouve la décoration charmante : des teintes chaudes, des meubles et lampes des années 30 (Bismarck nous en a montré des reproductions en classe), des tapis tunisiens (ses parents ont vécu en Afrique du Nord).

Ça sent bon l'eau de toilette. On s'installe dans (je dis bien « dans » tant il est profond) un canapé ultra-confortable et on « en » parle. J'ai apporté mon « journal » pour n'oublier aucun détail. Nous le lisons ensemble, moi par-dessus son

épaule. Aux passages où je mentionne mes sentiments pour elle, elle me bourre de coups de poing.
Quand je parle de Bismarck qui joue les voyeurs,
elle se met dans une colère aussi forte qu'hier chez
Dupont. Mais c'est ce qui concerne MÉNESTEL
qui mérite toute notre attention. Rachel repose
mes pages, réfléchit et dit calmement :

— Mon vieux, je crois que tu te trompes
complètement : il n'y a rien de magique. La
preuve, il ne m'est rien arrivé à moi quand j'ai
essayé le MÉNESTEL. Quant à toi, tu as cru lire
dans les pensées, mais tu connaissais les gens. Tu
pouvais donc deviner ce qu'ils pensaient. De
même, tu as pu découvrir le sujet d'histoire parce
que c'était logique. Alors, tu as imaginé être allé
dans la salle des profs et dans l'avenir. Tu n'as fait
que précéder Bismarck dans ses choix. Tu as été
capable de lui parler en classe de la Guerre Froide
parce que tu la connais aussi bien que lui. Les
auteurs « inconnus » que tu as cités sont sûrement
vraiment inconnus. Tu n'es jamais allé en 1945 et
tu n'as fait que revoir la photo de la ville en février
45 : elle est dans le hall du lycée. On y voit
nettement le calendrier dont tu parles.

— Et mon passage au café *Molière* ? Mon don
d'ubiquité ? Tu y étais ?

— Es-tu sûr de la date ? Tu sais qu'on y va
souvent au *Molière* !

— Oui, mais le jus d'orange que je n'ai pas pu
te payer, et ma soudaine disparition ?

—Peut-être. . .

—Écoute, il y a une solution pour en avoir le cœur net : il faut aller interroger MÉNESTEL sur place, ce soir, au lycée. . . ou plutôt non, pour être plus tranquille, il faut aller chercher MÉNESTEL et l'apporter ici. Pourra-t-on cacher le bureau quelque part ?

—Oui, dans ce placard, ce n'est pas un problème. Rentrer au lycée et en sortir avec un bureau « sous le bras », c'est moins évident ! »

Je n'ai pas beaucoup de difficulté à convaincre Rachel. Rendez-vous ce soir à 21 heures près de chez elle. Elle dira qu'elle va chez une copine (d'ailleurs sa mère sort aussi) et, moi, je ferai le toit. L'opération « enlèvement du bureau » a été relativement facile : merci la télé ! Quand les gens la regardent, surtout le mercredi soir quand il y a football, surtout quand Marseille joue, on pourrait faire tous les cambriolages du monde accompagné d'une fanfare.

L'aile du lycée consacrée aux matières littéraires n'est pas protégée électroniquement. Il suffit avec un tournevis de forcer la serrure de la salle Bismarck. Le bureau—en fait une petite table—est léger. Les rues sont désertes, le match n'est pas fini. . . et, ça y est, MÉNESTEL est dans la chambre de Rachel. Immédiatement nous faisons les premiers essais.

Un petit coup de boule verte et je me retrouve dans le couloir du lycée ; personne n'a encore réagi, le concierge a éteint la lumière dans sa loge. Je propose à Rachel d'aller vérifier à son tour ; elle pose l'index sur la même boule verte et annonce aussitôt : « Tu vois, j'avais raison : il ne se passe rien. »

Je suis stupéfait. Soudain j'ai une idée : je prends la main gauche de Rachel et elle pose son index droit sur la boule verte ; elle s'écrie : « Ça y est ! Olivier. Je vois le couloir, je vois la porte ouverte. Je suis vraiment au lycée et, en même temps, je peux te parler, te toucher... c'est extraordinaire ! »

Nous faisons quelques expériences : un petit tour au café *Molière*, tous les deux. Nous partons avant de payer. Puis un autre petit tour mais cette fois dans le temps et l'espace (boules bleue et verte), toujours au *Molière* mais cette fois demain matin. Jean-Denis, le garçon, nous regarde d'un drôle d'air. On lui demande ce qui se passe.

— D'abord, vous me devez 24 francs d'hier soir et, ensuite, tout le monde ne parle que de vous au lycée.

— Ah oui ! notre exclusion !

— Non, ce bureau qui a été volé...

Il tourne la tête à l'appel d'un client, nous partons

toujours sans avoir payé et en disant : « A hier ! »

Rachel veut absolument aller faire un tour chez Bismarck. Cela paraît difficile. Je nous vois mal débarquant dans le salon de Bismarck, peut-être même sur ses genoux. « Allons dans sa cuisine, suggère Rachel, il n'y est sûrement pas à cette heure-ci... et, de là, nous déciderons... »

Main dans la main, nous voilà donc chez Bismarck (la cuisine est assez sale). Bismarck est dans le salon mais il dort profondément dans son fauteuil. Son journal est tombé sur le tapis, la télé diffuse le dernier journal (Marseille a gagné). De la chambre (sans doute), une voix ensommeillée demande : « Albert ! (Tiens ! Ce n'est pas Otto comme le vrai Bismarck), tu dors ? Éteins la télé et viens ! Tu ne pourras pas te réveiller demain matin ! »

Rachel a le fou-rire devant le tableau offert par Albert Bismarck : le cheveu hirsute, les pantoufles charentaises déchirées, la ceinture défaite (digestion difficile ? repas du soir trop lourd ?), les lunettes sur le bout du nez. Bismarck se réveille. Nous a-t-il vaguement aperçus dans son salon avant notre disparition ?

Retour chez Rachel où nous laissons libre cours à nos rires. Il est déjà une heure et je dois rentrer. En

sortant, je croise sa mère : «Enchantée de faire votre connaissance, Rachel me parle souvent de vous...» Je bredouille quelques mots. Pendant ce temps, Rachel doit cacher MÉNESTEL.

Me voilà donc à la maison. Quelles aventures nous nous préparons! Pourtant, je me sens inquiet. On va sûrement faire un rapport entre notre absence et la disparition du bureau. Jusqu'où va nous entraîner MÉNESTEL ? Tiens, j'ai oublié de le noter : MÉNESTEL a un détail vestimentaire supplémentaire depuis hier : une magnifique ceinture ornée de quatre pierres précieuses...

vendredi 21 février

Et si, effectivement, je n'avais fait que rêver depuis quelques jours ? C'est à cela que je pense ce matin en me rendant chez Rachel.

Depuis quelques heures, les femmes de ménage du lycée ont dû s'apercevoir du « vol avec effraction » : c'est ainsi que l'on nommera notre délit. Les suites de cette expédition nocturne se limiteront-elles au lycée ? Le lycée se contentera-t-il d'alerter nos parents ou bien cela ira-t-il jusqu'au stade policier et judiciaire ? C'est sûrement un cas exceptionnel : un vol de bureau dans un lycée !

Rachel m'attend ; elle a pensé comme moi aux conséquences de notre action, mais elle se montre plus optimiste. Elle pense que ce n'est pas si grave, qu'il n'y a qu'à attendre : « On verra bien, jouons avec MÉNESTEL ! »

Nous avons passé une journée merveilleuse... à Paris, grâce à la boule verte. Nous avons flâné le long des quais par cette froide, mais magnifique matinée d'hiver. Puisque nous sommes simultanément présents dans les rues de Paris et devant notre bureau, nous pouvons manipuler plusieurs boules à la fois. C'est ainsi que, à Paris dans le quartier du Marais, nous assistons à la prise de la Bastille le 14 juillet 1789 — ça, c'est moi qui l'ai voulu — et à un défilé de mode chez Coco Chanel à l'automne 1951 — choix de Rachel.

Revenu à notre époque et grâce à la boule noire, je peux participer à un jeu « culturel » dans un grand magasin et gagner « un magnifique transistor à modulation de fréquence » puisque j'ai pu répondre à toutes les questions. Rachel, quant à elle, se couvre de gloire à la patinoire où nous nous sommes arrêtés et où, toujours grâce à la boule noire qui permet également de réaliser des exploits sportifs, elle exécute un programme digne de Katerina Witte. Nous déjeunons en toute simplicité dans un des meilleurs restaurants des Champs-Elysées...

Cette fois, Rachel est bien obligée de croire aux pouvoirs exceptionnels de MÉNESTEL... Nous sommes rentrés de Paris. Il est 18 heures 10. Nous sommes heureux d'être ensemble chez elle et de nous amuser. Mais nous sommes inquiets de l'avenir à cause de l'histoire du bureau et aussi, avouons-le, à cause des pouvoirs fabuleux que nous possédons. Mais, j'arrête d'écrire un moment : on sonne à la porte...

Je reprends vite mon récit avant d'agir. Je veux laisser une trace écrite de notre aventure. A la porte, il y a mon père, Dupont le surveillant et... un agent de police. Je les aperçois à travers les rideaux de la fenêtre. Nous les laissons sonner une deuxième puis une troisième fois. Nous avons pris une décision commune : nous allons appuyer sur la sixième boule, la blanche ; MÉNESTEL nous a toujours tirés d'embarras. Je pose l'index gauche sur cette boule, et de la main droite, je continue à écrire pour décrire ce qui se passe... Et...

... Et... MÉNESTEL nous parle !

« Olivier, tu as choisi la solution de la disparition. Maintenant tu dois choisir une des quatre pierres précieuses de ma ceinture pour décider comment tu vas disparaître. N'aie pas peur ! »

On sonne à la porte pour la quatrième fois. Alors, ami lecteur/lectrice, je prends la main de Rachel et nous nous regardons intensément. Je choisis la pierre précieuse de droite, puis je dirige le doigt vers la boule blanche... Adieu...

Extrait du rapport de monsieur le conseiller d'éducation du lycée X... M. Dupont à monsieur l'inspecteur d'académie de Y...

... Chargé par monsieur le proviseur d'enquêter sur la disparition d'un bureau de la salle B12, bureau volé dans la nuit du 20 février malgré une surveillance très stricte de cet établissement, j'ai porté mes soupçons sur les élèves Olivier G. et Rachel R., tous deux récemment exclus de l'établissement pour insolence très grave à mon égard (...). Je me suis présenté le lendemain soir chez le père du garçon puis, en sa compagnie, chez Mme R., qui élève seule sa fille Rachel. Nous étions accompagnés d'un agent de la Force Publique puisqu'il y avait « vol de matériel de l'État » et plainte déposée par l'Éducation Nationale.

Nous avons trouvé porte close, mais la lumière à l'étage nous a fait penser que les deux adolescents étaient présents. Nous avons sonné quatre fois en vain. Mme R. est arrivée à 18 heures 19 et nous a ouvert la porte. Dans la chambre de Rachel nous avons découvert le bureau de la salle B12 sur lequel nous avons trouvé le « journal » personnel d'Olivier G. cachant en partie un de ces dessins que les élèves ont—hélas—pris l'habitude de faire sur les bureaux du lycée. Ni Olivier G. ni Rachel R. n'étaient là. La lucarne du toit était ouverte, ce qui m'a étonné en cette saison et, sur le bureau un dessin bizarre, un drôle de personnage qui brillait de curieuse façon.

Déposition de Mme B., femme de service au lycée X...

Quand j'ai appris par les journaux les circonstances de la disparition de deux élèves du lycée, je me suis présentée spontanément au commissariat de police pour y faire librement la déclaration suivante :

« Je suis chargée du nettoyage des salles « littéraires » du lycée, donc de la salle B12. C'est moi qui, depuis plusieurs semaines, participe à la réalisation d'un dessin sur un des bureaux. J'adore les bandes dessinées, surtout celles qui se passent au Moyen Âge. J'ai trouvé amusant de faire ce dessin en collaboration avec un élève du mardi. Je ne connaissais pas son nom. On m'a donné à lire son journal : ce serait donc moi le fameux WHO ! Je n'arrive pas à y croire. . . »

Communication de M. Z..., professeur d'histoire au lycée X..., à une réunion de spécialistes des sciences occultes (le 21 février)

Chers collègues,

Je voudrais enfin aujourd'hui vous montrer l'aboutissement de mes travaux de plus de dix années. Il s'agit de ce petit boîtier, mini-ordinateur — transmetteur de pensées. Il dispose de six fonctions représentées par ces six voyants lumineux multicolores et de quatre interrupteurs en forme de losange que j'ai placés en bas. Je peux avec ce matériel lire dans les pensées d'un être et le faire agir selon mes désirs.

Je vois des sourires dans l'assistance, eh bien mesdames et messieurs les sceptiques, quand je dis « je peux », c'est que je peux. Depuis plusieurs jours je me livre à une expérience qui fera date. J'éprouve pour une élève de 2nde 8 au lycée de notre ville un attachement d'ordre purement scientifique et intellectuel. J'ai réussi par l'intermédiaire de son ami à la faire venir vers moi par la pensée ; elle est devenue mon objet grâce à mon MÉcanisme NEutralisant STéréophonique des ÉLéments, en abrégé : MÉNESTEL...

Témoignage de Yannick F..., élève de 2nde 8 au lycée X...

Ce qui est arrivé à Rachel et Olivier n'est pas si mystérieux que cela. Le soir de leur « disparition », je me rendais justement chez Rachel vers 18 heures, et j'ai bien cru les voir partir par la porte du jardin derrière la maison... mais avec le brouillard ce soir-là, je ne peux pas être affirmatif. Par ailleurs, c'est moi qui ai ajouté parfois quelques éléments au dessin du bureau d'Olivier en salle B12. Quant au journal d'Olivier que l'on m'a fait lire, c'est une vraie histoire de fou qu'il se raconte et qu'il raconte à Rachel pour me la prendre.

Compte-rendu de l'observatoire du pic du Midi à 18 heures 12 le vendredi 21 février

Provenant de la ville de X... deux lueurs blanchâtres étroitement jointes se sont élevées et se sont dirigées à la vitesse de 6×10^{32} km/h vers la constellation de Ménestel (6 étoiles et 4 satellites) et ont disparu.

Epilogue

Rachel, une trentaine d'années, toujours aussi séduisante, la mèche sur l'œil, est en train de téléphoner à voix basse. Un jeune garçon la dérange visiblement.

Olivier, même âge évidemment mais il semble plus vieux et un peu gros du ventre. Il est presque chauve. Il semble somnoler dans son fauteuil.

— Olivier ! Arrête de manipuler cette télécommande et occupe-toi un peu de ton fils !

— Mais, ce n'est plus un gamin, il est en sixième maintenant. Alors, fiston, quoi de neuf ?

— Eh bien, papa, au collège, j'ai commencé à faire un dessin sur mon bureau : un personnage plutôt du Moyen Âge, tu sais, avec un collant bicolore, un bonnet à clochettes...